W0083610

TRICK 17

Spartipps

111 geniale Lifehacks für endlich mehr Geld

Inhalt

Vorwort

Wen fragt man am besten, wenn es um Tipps zum Thema Sparen geht? Natürlich: einen Schwaben. Keine Frage also, dass du hier richtig bist, wenn es um Tricks und Kniffe geht, wie man so wenig Geld wie möglich ausgibt und dennoch so viel wie möglich dabei herausholt! Schließlich habe ich das Spar-Gen schon mit der Muttermilch aufgesogen. Und so mag es nicht verwundern, dass ich mein Duschgel schon in der Fußball E-Jugend mit Wasser gestreckt habe oder dass ich als Jugendlicher meine Zahnpastatube aufschnitt, ehe ich die wertvollen letzten Tropfen wegschmiss. Ebenso habe ich diesen Text natürlich zuerst auf die Rückseite von schon benutztem Druckerpapier geschrieben – Ehrensache! Und richtig angewendet, ist die Investition von 7,99 Euro für diesen Ratgeber schnell wieder drin. Wie sagen wir Schwaben so schön: Scho g'spart!

Viel Spaß beim Lesen und Geldsparen wünscht

Haushalt

&

Wohnen

1 Minideckel

Sekundenkleber trocknet nicht ein, wenn du eine Büroklammer in die Öffnung der Tube schiebst. Zwar ist der mitgelieferte Deckel auch schon hilfreich, doch die Kleberreste im engen Gang der Tubenspitze machen den Klebstoff häufig unbrauchbar. Für noch mehr „Frische" kannst du den Sekundenkleber auf den Kopf gestellt im Kühlschrank aufbewahren!

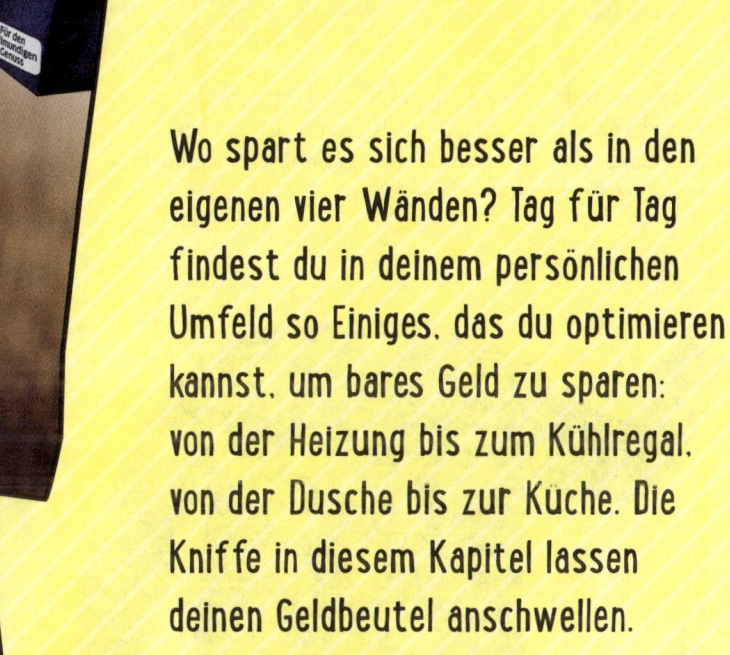

Wo spart es sich besser als in den eigenen vier Wänden? Tag für Tag findest du in deinem persönlichen Umfeld so Einiges, das du optimieren kannst, um bares Geld zu sparen: von der Heizung bis zum Kühlregal, von der Dusche bis zur Küche. Die Kniffe in diesem Kapitel lassen deinen Geldbeutel anschwellen.

Altkleider-Upcycling

2

Einen alten Pullover kannst du ganz einfach wiederverwerten, indem du daraus Schals, Taschen oder Socken nähst. An den Schnittlinien siehst du, wo du ihn am besten auseinandernehmen kannst, um daraus neue Kleidungsstücke zu nähen.

Ist dir das zu viel Aufwand, solltest du den Pullover trotzdem nicht wegwerfen, sondern lieber weiterverkaufen (siehe Seite 129).

EIN LICHT GEHT AUF ❸

Energiesparlampen sparen im Haushalt bis zu 75 Prozent Strom. Mit etwa zwölf Watt leuchtet eine Energiesparlampe so hell wie eine 60-Watt-Birne. Oft gibt es sie auch mit einer Dimmfunktion, wenn es nicht ganz so hell sein muss. Das spart weitere Energie.

Noch effizienter sind LED-Leuchten, die es inzwischen in jedem Baumarkt gibt.

SAUBERER KERZENHALTER

4

Nicht ganz so effektiv, aber auch möglich: Den Kerzenhalter einfrieren und das Wachs mit einem Messer abkratzen.

Mit Wachs stark verschmutzte Kerzenhalter müssen nicht gleich entsorgt werden. Sie lassen sich putzen, indem man sie erwärmt – etwa mit einem Feuerzeug – und das überschüssige Wachs mit einem weiteren Wachsstück auffängt. So strahlt der Kerzenhalter wieder in neuem Glanz.

Folienverwertung

Die Plastikverpackung von Toilettenpapierrollen kannst du tatsächlich zu etwas Nützlichem umfunktionieren! In einen Abfalleimer gesteckt, eignet sie sich hervorragend als Müllbeutel.

5

Das spart zwar nicht so viel Geld, dafür aber Plastikmüll, der die Umwelt belastet.

Kehrseite

Benutztes Druckerpapier solltest du nicht wegwerfen, sondern andersherum in den Drucker legen und auf der Rückseite erneut bedrucken. Manche Drucker haben ohnehin eine Doppelseitenfunktion: Sie ziehen einmal bedruckte Seiten wieder ein und bedrucken sie automatisch von der anderen Seite.

6

Alternativ eignet sich benutztes Druckerpapier sehr gut für Notizen. So musst du kein sauberes Papier für Kritzeleien verschwenden.

Stoßlüften

Mehrmals täglich für fünf bis zehn Minuten die Fenster zu öffnen, spart im Winter viel Energie. Weil die Räume so nicht auskühlen, wie zum Beispiel bei dauerhaft gekippten Fenstern, muss die Heizung weniger arbeiten. Bei einer 70 m²-Wohnung lassen sich so mehr als 200 Euro pro Jahr einsparen!

Die Kipp-Funktion sollte man nach Möglichkeit höchstens im Sommer nutzen, um einen Durchzug in warmen Räumen zu ermöglichen.

Wenn du die Flüssigkeit einfach in die Kartusche füllst und kräftig schüttelst, kannst du die Wimperntusche noch einige Tage weiter benutzen.

Das kannst du dir abschminken!

8

Deine Wimperntusche trocknet immer viel zu schnell aus? Ein paar Tropfen Make-Up-Entferner machen eine scheinbar leere Wimperntusche wieder flott.

9 Erst heiß, dann kalt

Wenn du in der Dusche erst das Heißwasser aufdrehst, kannst du dich schneller unter den Strahl stellen und verschwendest so weniger Wasser. Allerdings solltest du aufpassen, dass du nicht zu spät am Kaltwasserregler drehst, sonst besteht Verbrühungsgefahr!

Hat die Kabine nur einen Regler, solltest du das Wasser zunächst nur schwach aufdrehen, bis es warm genug ist.

WASCHNUSS MAL ANDERS

10

Der Trick funktioniert übrigens auch mit einer Walnuss. Je nach Farbe der Oberfläche kann eine andere Nusssorte gewünschte Erfolge bringen.

Bei Kratzern in Möbeln hilft das Polieren mit einer halben Haselnuss. Die Nusspartikel setzen sich in die winzigen Furchen und überdecken so den Kratzer. Gleichzeitig ölt die Nuss das Holz.

Salz in der
Kerze

Salz im Kerzenwachs verlängert die Brenndauer einer Kerze. Das Salz bindet das Wachs und verhindert so, dass es sich verflüchtigt. Außerdem verhindert Salz auch das Tropfen von Kerzen. Lege dazu den Brennkörper vor dem Anzünden in Salzwasser ein und lasse ihn an der Luft trocknen.

11

Denselben Effekt erreichst du auch, wenn du die Kerze vor dem Anzünden für ein paar Stunden ins Gefrierfach legst.

BADEN VERBOTEN!

Duschen verbraucht deutlich weniger Wasser als Baden. Beim Duschen gehen durchschnittlich 70 Liter drauf, beim Baden sind es ganze 120 Liter.

12

Auch der Stromverbrauch steigt beim Baden signifikant an, da viel mehr Wasser auf eine warme Temperatur erhitzt werden muss.

13 Kipp die Cola weg!

Cola hat einen ähnlichen Effekt wie Rohrreiniger und ersetzt teures Putzmittel, wenn der Abfluss streikt. Hauptbestandteil des Getränks ist neben Kohlensäure und Zucker die Phosphorsäure. Sie ist unter anderem auch in Waschmitteln und Rostentfernern enthalten und in hoher Konzentration ätzend.

Noch mehr kannst du sparen, wenn du zum Reinigen statt der teuren Markenware, Discounter-Cola verwendest.

SEIFENSTOPP

Um den Verbrauch von Flüssigseife besser zu kontrollieren, schlinge ein Gummiband um den Seifenspenderhals. Der Hals lässt sich dann nicht mehr komplett durchdrücken und die Seifenmenge pro Händewaschen wird weniger – ist aber trotzdem komplett ausreichend.

Praktisch sind auch solche Spender, die die Seife zu Schaum umwandeln, bevor er in die Hände gelangt. So nutzt man automatisch weniger davon.

Das Ganze funktioniert auch etwas aufwendiger, indem du Speisestärke im Backofen zu Dextrin umwandelst und daraus dann einen Kleister anrührst.

15

NATURKLEISTER

Tapetenkleister lässt sich natürlich und einfach selbst herstellen. Alles was du dazu brauchst, sind kochendes Wasser und Roggenmehl. Das Roggenmehl gibst du nach und nach in das kochende Wasser, bis eine klebrige, durchsichtige Masse entsteht, die die Tapete an die Wand bindet.

Coole Wäsche

Auch wenn auf den Etiketten oft etwas anderes steht: Wäsche bei 30 °C zu waschen, reicht meistens aus, um leichte Verschmutzungen zu lösen. Bei starkem Schmutz, oder wenn es um Hygiene geht, etwa bei Unterwäsche, ist eine höhere Gradzahl notwendig.

Lange Eco-Waschprogramme sind sparsamer als Kurzwaschprogramme, da die Maschine bei längerer Waschzeit nur kurz bei hoher Temperatur arbeitet. In der übrigen Zeit verbraucht sie kaum Energie.

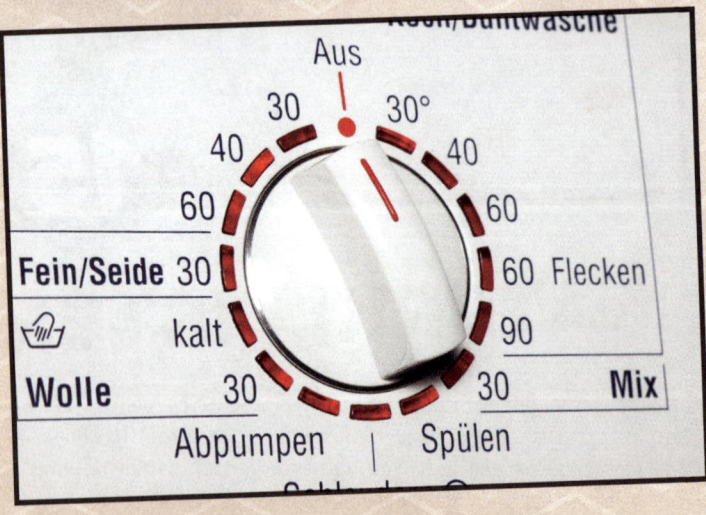

Zweit-verwertung

In Teebeuteln befinden sich getrocknete Kräuter – es hindert dich also niemand daran, sie nach dem Gebrauch wieder zu trocknen und erneut zu verwenden. Wenn es schnell gehen muss, kannst du sogar den noch feuchten Beutel ein zweites Mal aufgießen.

17

Öfter als zweimal solltest du einen Teebeutel aber nicht verwenden, denn die Aromen sind dann langsam, aber sicher ausgewaschen.

18

Mut zur Lücke

Zwischen der Heizung und einem davorstehenden Möbelstück, wie z. B. einem Sofa, solltest du mindestens 30 cm Platz lassen.

Durch den entstehenden Luftraum kann die Heizung ihre Wirkung viel besser entfalten und du sparst auf Dauer Heizkosten.

19 Erst lesen, dann putzen

Feuchtes Zeitungspapier eignet sich hervorragend zum Putzen der Armaturen in Bad und Küche. Nutze es einfach wie einen Lappen und schrubbe damit das Chrom wieder blank. Das raue Papier schmirgelt den Wasserhahn wieder sauber.

Trockenes Zeitungspapier verleiht den Armaturen nach dem Putzen einen Extraglanz.

STETIGER PEGEL

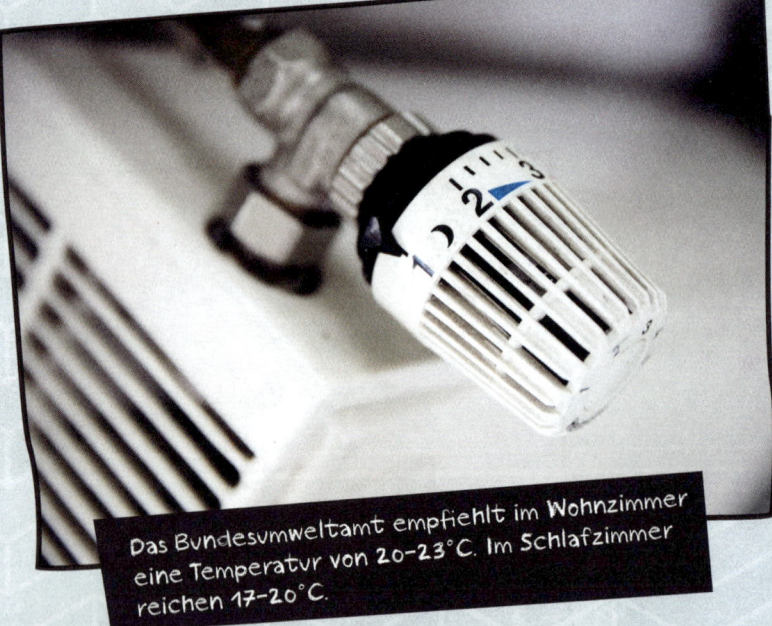

Das Bundesumweltamt empfiehlt im Wohnzimmer eine Temperatur von 20–23°C. Im Schlafzimmer reichen 17–20°C.

Wer im Winter verreist ist, sollte seine Heizung nie komplett ausstellen. Die Wohnung neu aufzuheizen verbraucht deutlich mehr Strom. Außerdem sind ausgekühlte Wände anfällig für die Bildung von Schimmel.

21 Warm anziehen

Bevor du die Heizung im Herbst zum ersten Mal aufdrehst, reicht stattdessen oftmals auch ein dicker Pullover. Wer es sich zu Hause schön kuschelig macht, muss also nicht unbedingt gleich heizen.

Eine Wärmeflasche unter der Decke macht die ersten kalten Nächte auch ohne Heizung erträglich.

Zuerst solltest du die Tube aber so weit ausquetschen, wie es geht (siehe Seite 33).

Bis zum letzten Tropfen

22

Schneide das Ende von Creme- oder Zahnpastatuben auf, wenn sie scheinbar leer sind. Du wirst überrascht sein, wie viel du so noch herausbekommst. Dasselbe funktioniert natürlich auch mit allerlei anderen Tuben wie Tomatenmark oder Ölfarben.

Bye Bye, Stand-by!

Stecke deine Stand-by-Geräte aus. Sie verbrauchen auch im Schlaf-modus noch viel mehr Energie als nötig.

Wenn dir das ständige Ein- und Ausstecken zu umständlich ist, nutze einen Mehrfachstecker mit Schalter.

24

VERJÜNGUNGS-BAD

Eingetrocknete Filzstifte lassen sich mithilfe eines Essigbads einfach wieder reaktivieren. Du darfst nur nicht die Geduld verlieren! Tunke die Spitze des Filzstifts in Essig, verschließe ihn mit der Kappe und lass ihn über Nacht ruhen. Danach funktioniert er wieder.

Manche Filzstifte haben auch eine Hinteröffnung, in die du etwas Essig trävfeln kannst, dann sparst du dir das Essigbad.

Viele Anbieter haben Sondertarife im Angebot, etwa für Studenten.

25

PRÜFENDER BLICK

Stromanbieter haben unterschiedliche Tarife – so lässt sich bares Geld sparen. Wer eine jährliche Kündigungsfrist hat, kann sich einmal im Jahr nach neuen Angeboten umsehen.

Es gibt auch sogenannte Do-It-Yourself-Portale im Internet, auf denen Handwerker oder begabte Privatpersonen Gebote für die von dir gewünschten Arbeiten abgeben.

MACH'S DIR SELBST 26

Hohe Handwerkerkosten sparst du dir, wenn du öfter einfach selbst Hand anlegst. Im Internet findest du Unmengen an kostenlosen Anleitungsvideos, mit deren Hilfe du ganz einfach selbst eine Lampe installierst, deine Wände tapezierst oder einen neuen Laminatboden legst.

Sollte das nicht helfen, wende den Hack von Seite 28 an.

Plattgewalzt

27

Mit einer Glasflasche und etwas Druck lassen sich auch die letzten Reste aus der Zahnpasta-, Tomatenmark- oder Senftube drücken. Rolle vom Ende der Tube gleichmäßig zum Anfang und lasse den Verschluss noch geschlossen, damit sich der Inhalt am Tubenausgang sammelt.

FREUND UND KUPFERPUTZER

28

Eine Zwiebel ist auch ein beliebtes Putzmittel für den Grillrost, den die Inhaltsstoffe der Zwiebel auch noch desinfizieren.

Mit einer halbierten Schalotte oder Zwiebel kannst du angelaufene Kupfertöpfe und Becher wieder zum Strahlen bringen. Die Zwiebelsäure ätzt unschöne Verschmutzungen einfach weg.

Gestrecktes Duschgel

Ein leeres Duschgel lässt sich noch mehrere Male weiterverwenden, wenn du es zu etwa einem Viertel mit Wasser füllst, verschließt und gut schüttelst. Das funktioniert am besten direkt unter der Dusche, indem du auf die Tube drückst und mit dem Unterdruck das Duschwasser einfängst.

29

Heraus kommt zwar kein Duschgel mehr, sondern ein recht flüssiger Schaum. Zum Duschen reicht das aber allemal!

Mit Flicken in unterschiedlichen Farben lassen sich sogar modische Akzente setzen.

30

Mit Nadel und Faden

Löchrige Jeans musst du nicht gleich wegwerfen. Mit einem Flicken, Nadel und Faden lassen sich die Löcher im Nu wieder reparieren und die Hose ist noch lange tragbar.

31

Joghurt im Glas

Joghurtgläser sind sinnvoller als Joghurtbecher aus Kunststoff, da man sie bei geschlossenem Deckel mit Milch ausspülen kann und dadurch nichts am Rand hängen bleibt. Positiver Nebeneffekt: Du tust auch gleich etwas Gutes für die Umwelt, denn bei recyclebaren Gläsern fällt kein Plastikmüll an.

Wer einen Fruchtjoghurt oder das Glas einer Nuss-Nougat-Creme mit Milch ausspült, kann sich außerdem über einen köstlichen Milchshake freuen.

Waschmittel
selbst gemacht

32

Waschmittel kann – gerade bei einem Haushalt mit mehreren Personen – ordentlich ins Geld gehen. Dabei ist es total einfach, flüssiges Waschmittel mit wenigen Zutaten auf Vorrat selbst herzustellen.

Du brauchst:
- 4 EL Waschsoda
- 30 g Kernseife
- einige Tropfen ätherisches Öl deiner Wahl
- 2 l Wasser
- großer Topf
- Rührbesen
- Flaschen zum Abfüllen

1 Zerkleinere die Seife mit einem Messer oder einer Reibe …

2 … und gib sie gemeinsam mit der Waschsoda und dem Wasser in einen Topf.

3 Koche nun die Mischung unter ständigem Rühren auf, bis sich alle Zutaten aufgelöst haben.

Vorsicht:
Es kann schäumen!

4 Gib dann einige Tropfen ätherisches Öl deiner Wahl dazu. Das sorgt für den angenehmen Geruch.

5 Lass die Waschmittelmischung gut abkühlen und fülle sie in Flaschen ab. Zwei Liter Waschmittel kosten dich auf diese Weise weniger als 50 Cent und du kennst außerdem auch alle Inhaltsstoffe!

Geflickte Wand

33

Das alte Regal ist von der Wand verschwunden, was bleibt, sind aber die unschönen Dübellöcher. Diese lassen sich schnell und günstig mit Zahnpasta abdichten.

Vorsicht: Zum erneuten Bohren an derselben Stelle ist dieser Hack nicht geeignet! Es geht hier allein um die Optik.

Mit den Hacks zum Thema Haushalt und Wohnen lassen sich pro Jahr locker mehrere hundert Euro sparen. Ob durch das selbstgemachte Waschmittel (Seite 38) oder durch eigenständiges Heimwerken (Seite 32). Um im Winter noch mehr Heizkosten zu sparen, kannst du außer zwischen Heizung und Sofa ausreichend Platz zu lassen (Seite 24) außerdem daran denken, nachts die Rolläden runter zu lassen. Das isoliert zusätzlich und spart noch mal 20 Prozent der Energie ein.

Einkaufen

&

Shoppen

Günstiger im Angebot

34

Wer im Supermarkt die Augen nach Sonderange-
boten offen hält, kann viel Geld sparen. Hier
hilft es, einen Mitarbeiter zu fragen. Sonderangebote schreien dich aber meist schon von
weitem mit rotleuchtenden Schildern an. Oft
gibt es auch am unteren Rand des Kühlregals in
einer schwer einsehbaren Ecke einen kleinen
Bereich, in dem heruntergesetzte Waren lagern.

Einkaufen und sparen? Wie soll das denn überhaupt zusammen passen? Richtig. Sparen hat per Definition nichts mit Geldausgeben zu tun. Doch wer weniger ausgibt, hat am Ende mehr in der eigenen Tasche. Ob man nun Sonderangebote nutzt, die Marketingtricks der Supermärkte aushebelt oder einfach mal öfter für sich selbst kocht: Beim Einkaufen gibt es mehr Sparpotenzial, als man auf den ersten Blick denken mag.

Wenn du dir einen Essensplan für die ganze Woche erstellst, fällt dir das Schreiben einer Einkaufsliste noch viel leichter!

Eier, Milch und Mehl

35

Eine Einkaufsliste hilft nicht nur dabei, strukturierter zu planen, sondern auch, dich auf das Wesentliche zu konzentrieren. Wer sich vor dem Einkaufen zu Hause ein paar Minuten Zeit nimmt, muss den Einkauf hinterher nur noch abarbeiten und kommt nicht so leicht in Versuchung, etwas Unnötiges einzukaufen.

Erst nachdenken, dann kaufen

Ob man die teuren Konzertkarten nun wirklich bucht oder ob die Flasche Wein tatsächlich 15 Euro kosten muss, entscheidest du am besten mit der 10-Minuten-Regel. So lange solltest du deinem Gehirn Zeit geben, die Entscheidung übers Geld ausgeben zu überdenken.

Ähnlich funktioniert die 30-Tage-Regel. Sie hilft bei der Entscheidungsfindung, wenn es um große Anschaffungen wie ein neues Auto oder einen teuren Urlaub geht.

Kaugummi
statt Kaufrausch

Wenn beim Einkaufen nicht ständig unnötige Leckereien in den Einkaufswagen wandern sollen, kaue einen Kaugummi. Das Kauen lenkt den Magen ab. Der Körper denkt für einen kurzen Moment, dass gerade genügend Nahrung da ist und kommt nicht auf die Idee, sofort etwas anderes zu wollen.

Genauso effektiv ist es in den meisten Fällen, einfach direkt nach dem Essen einkaufen zu gehen.

FLASCHE LEER? NIMM SIE MIT!

Es ist erlaubt, eine leere Flasche durch die Gepäckkontrolle am Flughafen mit zu nehmen. Dahinter kannst du sie am Wasserhahn auffüllen und du sparst dir teure Getränke am Automaten.

In Deutschland ist es kein Problem Leitungswasser zu trinken. Du solltest aber darauf achten, diesen Hack nur in Ländern anzuwenden, die eine gute Trinkwasserqualität haben.

38

REGIONAL 39
UND SAISONAL

Obst und Gemüse von Bauern aus der Region ist oft billiger als solches, das auf dem Weg zum Supermarkt tausende Kilometer im Flugzeug zurückgelegt hat. Das gilt vor allem für saisonales Gemüse. Erdbeeren aus der eigenen Region sind im Sommer deutlich billiger als spanische Früchte, die es im Herbst und Winter noch gibt.

Durch den Kauf regionaler Gemüse- und Obstsorten unterstützt du im besten Fall außerdem lokale Kleinbauern.

Wer es sprudelnd will, kann über einen Wassersprudler nachdenken, der auf lange Sicht sowohl Kosten, aber vor allem das Schleppen spart.

40

FRISCH GEZAPFT

Leitungswasser kostet in Deutschland durchschnittlich zwei Cent pro Liter und hat oft sogar eine bessere Qualität als Wasser aus dem Supermarkt, für das du mehr als das Zehnfache zahlst. Wer dem Hahnenwasser trotzdem nicht traut, kann es durch einen Wasserfilter gießen. Dann sind auch die letzten Keime aus den Leitungen aus dem Wasser verschwunden.

DAHEIM IS(S)T ES AM SCHÖNSTEN

41

Inzwischen gibt es zu kleinen Preisen sogar Kaffee-maschinen, die man abends programmieren kann. Nach dem Aufstehen ist der Kaffee schon fertig und man hat keine Arbeit mehr damit.

Aufbackbrötchen, selbst aufgebrühter Filterkaffee und die leckere selbst gemachte Marmelade. Wer eine halbe Stunde früher aufsteht, spart eine Menge Geld, denn beim Bäcker zahlt man meistens drauf. Außerdem ist es in den eigenen vier Wänden deutlich entspannter als zwischen lauter Fremden in einem Frühstückscafé zu sitzen.

Noch nicht schlecht

Produkte, die kurz vor dem Ablaufdatum stehen, sind oft viel billiger zu erstehen, obwohl sie auch nach dem Ablauf des Datums noch genauso gut sind wie davor. Manche Läden geben abends frische Lebensmittel günstiger raus, weil sie sie sonst wegwerfen müssten. Einfach nachfragen, ist hier die beste Lösung.

42

Es gibt auch Smartphone-Apps, die Läden verzeichnen, bei denen man abends verderbliche Lebensmittel zu einem günstigen Preis abholen kann.

2012 lag der Durchschnittsbrutto-stundenlohn in Deutschland bei 19,33 Euro. Pro Einkauf im Super-markt zahlten die Deutschen im Jahr 2017 rund 18 Euro.

43

Umrechnungskurs

Wenn du große Einkäufe erledigst, rechne die Preise in deinen Stunden-lohn um. Du wirst staunen, wie lange du für deinen Einkauf arbeiten musst und überlegst vielleicht noch einmal, ob er wirklich notwendig ist.

Vorteile nutzen

44

Viele Läden bieten Vorteilskarten an, mit denen sich bares Geld sparen lässt. Mit anderen kann man lediglich Punkte sammeln, die man in Prämien umtauschen kann. Achte darauf, dich nicht nur auf einen Laden zu konzentrieren, denn oft sind die Kundenkarten ein Trick, um Verbraucher an das jeweilige Geschäft zu ketten.

> Wie viele Daten du von dir Preis geben willst und wie viel dir das wert ist, solltest du selbst entscheiden.

Audio-Ablenkung

Bei allen Einkäufen ist es empfehlenswert, Musik über Kopfhörer zu hören. Die Musik im Supermarkt und in Kaufhäusern ist so ausgelegt, dass sie die Einkäufer zum Verweilen und Entspannen animiert.

45

Wie du beim Einkaufen deinen hungrigen Magen austrickst, erfährst du auf Seite 48!

46 Zu Eigenmarken greifen

Anhand eines Codes auf der Verpackung lässt sich nachverfolgen, wer der tatsächliche Hersteller des Produkts ist.

Supermärkte haben meist eine eigene Marke, die billiger, aber nicht qualitativ schlechter ist, als die Produkte der bekannten Marken. Viele Markenproduktanbieter stellen die Eigenmarken der Supermärkte sogar in ihren eigenen Fabriken her.

Das antizyklische Einkaufen funktioniert natürlich auch andersherum: Wer im tiefsten Winter einen Bikini schoppen geht, bekommt ihn deutlich günstiger als im Sommer.

47

WINTERJACKEN IM SOMMER

Wer im Hochsommer Winterjacken kauft, spart viel Geld, denn meistens gibt es große Rabatte auf die Kleidung, die im Moment niemand braucht.

48 AUF DEN ZWEITEN BLICK

Supermarktregale sind so eingeräumt, dass die teuersten Waren direkt im Blickfeld zu finden sind. Wer sparen will, sollte deshalb an den unteren oder oberen Rändern der Regale nach Schnäppchen suchen.

Solche Artikel nennt man im Fachjargon Bück- und Streckwaren.

Setze dir ein wöchentliches Bargeld-Budget, über das du nicht hinauskommen möchtest.

49

Nur Bares ist Wahres

Zahle deine Einkäufe mit Bargeld, dann kommst du nicht in Versuchung, mehr auszugeben als nötig. Es ist wissenschaftlich erwiesen, dass man mehr Geld ausgibt, wenn man mit der Karte zahlt, weil das Gehirn sich austricksen lässt. Schließlich sieht man nicht, dass man Geld verliert.

Alles nach Plan

Ein Monatsplan mit einem Maximalbudget hilft dir, deine Ausgaben im Blick zu behalten und weniger Geld für Unnützes auszugeben. Schreibe dazu zuerst alle fixen Ausgaben auf und errechne, wie viel Geld du nach Abzug noch im Monat zur Verfügung hast. Dann kannst du wie in einem Kalender Tag für Tag deine Ausgaben eintragen.

50

In den Plan kannst du außerdem einen gewissen Betrag notieren, den du monatlich fest beiseitelegst und sparst.

51
GEFÄHRLICHES
WEIHNACHTSGESCHÄFT

Dasselbe gilt vor anderen großen Festen, wie zum Beispiel Ostern.

Große Anschaffungen wie Elektrogeräte kauft man am besten nach Weihnachten. Vor dem Weihnachtsfest schlagen die Verkäufer ordentlich auf. Danach gibt es häufig Extra-Rabatte, um die Ladenhüter loszuwerden.

Im Zweifel ist es immer die einfachste Lösung einfach nachzufragen, ob es sich doch um einen Baum auf einem Privatgrundstück handelt.

Legaler Mundraub

52

Öffentliche Obstbäume, Kräuter oder Beerensträucher darfst du völlig legal abernten und die Früchte in deiner Küche nutzen. Im Internet gibt es Portale, die Nutzpflanzen auf der ganzen Welt verzeichnen, die Allgemeingut sind und die deshalb jeder nutzen darf.

Kleiner Korb = kleiner Einkauf

53 Wer einen Einkaufskorb statt eines Einkaufswagens nutzt, kann weniger einkaufen und gibt weniger Geld aus.

Statt eines Korbes kannst du auch eine mitgebrachte Stofftasche verwenden und sparst damit auch noch an einer Plastiktüte, die im Müll landet.

Eine Einkaufsliste (Seite 46) hilft dir bei der richtigen Planung des Einkaufs. Und zu Hause zu frühstücken, spart enorm viel Geld (Seite 52). Warum verknüpfen wir das also nicht einfach und schreiben uns einen Wochenplan? Wer sich am Wochenende überlegt, was er die gesamte Woche über essen will, kann am Samstag einen Großeinkauf machen und erliegt nicht der Versuchung, jeden Tag abends noch mal schnell in den Supermarkt zu gehen und vielleicht etwas Unnötiges in den Einkaufskorb zu werfen.

Auto

&

Verkehr

54 Laufen statt fahren

Kurze Strecken solltest du zu Fuß
zurücklegen. Gerade bei Kurzstrecken
haben Autos einen unverhältnismäßig
hohen Benzinverbraucht. Das liegt daran,
dass der Kraftstoffverbrauch höher ist,
wenn der Motor die Betriebstemperatur
noch nicht erreicht hat. Er erreicht
sie in der Regel erst bei einer Strecke
von rund zehn Kilometern.

So ein Auto ist ja an sich schon eine teure Angelegenheit. Steuer, Versicherung, Kraftstoff, Reparaturen. Wer vorausschauend fährt, ein paar Tipps beachtet und das Auto öfter mal stehen lässt, kann aber deutlich günstiger auf den eigenen vier Rädern unterwegs sein. Und ein Blick auf die Uhr kann so manches Mal helfen, viel Geld zu sparen. Warum, erfährst du in diesem Kapitel.

Am teuersten ist Benzin in der Hauptverkehrszeit morgens und an Sonn- und Feiertagen.

55

Tanken nach der Uhr

Der beste Zeitpunkt für eine Tankfüllung ist am Abend zwischen 18 und 20 Uhr. Über den Tag gesehen, sind die Preise zu dieser Zeit am günstigsten. Die Schwankungen sind teils so hoch, dass du 17 Cent oder mehr pro Liter sparen kannst, wenn du die richtige Tankzeit findest.

TANKSTELLEN-VERGLEICH

Bei Tankstellen gibt es keine Preisbindung – innerhalb einer Straße kannst du auf unterschiedliche Preise treffen. Es macht Sinn, die Preise mithilfe einer Tankstellen-App zu vergleichen.

56

Solche Apps haben auch einen Preisalarm, der dir den besten Preis zu einer bestimmten Uhrzeit zeigt.

Konkurrenz belebt das Geschäft

57

Günstiges Benzin findest du auch ohne App ziemlich sicher dort, wo es geballt mehrere Tankstellen gibt, zum Beispiel rund um ein Einkaufszentrum oder an großen Hauptverkehrsstraßen mit viel Verkehr.

Die Tankstellen müssen sich gegenseitig einen Preiskampf liefern, um Kunden zu gewinnen und versuchen, einander zu unterbieten.

Preise haben keine Ferien

Wer eine große Urlaubsreise mit dem Auto plant, sollte auf keinen Fall zu Beginn der Ferien tanken. Tankstellen rechnen damit, dass das besonders Viele tun und treiben die Preise in die Höhe.

58

Wer die Möglichkeit dazu hat, sollte sich rechtzeitig einen Benzinvorrat in Kanister abfüllen.

TANKEN!

LETZTER SCHULTAG!

59

REPARATUR VOM DISCOUNTER

Günstige Reparaturen gibt es bei kleinen, freien Werkstätten. Wie bei Lebensmitteln, gibt es auch bei Werkstätten Markenware und günstige Produkte, bei denen man zwar beim Preis spart, meist aber nicht bei der Qualität.

Wichtig ist, vor der Reparatur alle Kosten genau abzusprechen, um keine böse Überraschung zu erleben.

Mehr Luft, weniger Verbrauch

Der Reifendruck im Auto sollte mindestens genau den Herstellerangaben entsprechen, sonst steigt der Benzinverbrauch. Schon 0,2 Bar zu wenig erhöhen den Verbrauch um fünf Prozent. Auf ein Jahr gerechnet geht das ganz schön ins Geld und ist unnötig, denn Luft kostet nichts.

Wie hoch der Reifendruck sein muss, ist bei den meisten Autos im Tankdeckel verzeichnet.

MIT BUS **UND** BAHN

Öffentliche Verkehrsmittel im Stadtverkehr zu nutzen, ist in den meisten Fällen günstiger als ein eigenes Auto zu besitzen. Ein Auto mag zwar auf den ersten Blick attraktiver sein, in die Kalkulation sollte man aber immer auch den Verschleiß und die Inspektionen einrechnen.

Am meisten lohnen sich Monats- oder Jahreskarten, die man auch im Abo bestellen kann.

Eine Stunde Fahrradfahren mit 15 km/h verbraucht bis zu 200 Kilokalorien – das entspricht einer halben Tafel Schokolade.

62

WENIGER RÄDER, WENIGER KOSTEN

Nutze so oft wie möglich ein Fahrrad. So sparst du dir Kosten für öffentliche Verkehrsmittel und Auto. Mit dem Fahrrad hast du außerdem dein tägliches Workout direkt auf dem Weg zur Arbeit kostenlos mit dabei.

Vergleichen und sparen

63

Vergleichsportale im Internet helfen beim Autokauf die besten Angebote zu finden. Selbst bei Kleinanzeigenportalen gibt es inzwischen gute Gebrauchtwagen.

Auch Neuwagen sind laut einer Erhebung des ADAC im Internet günstiger – im Schnitt etwa fünf Prozentpunkte.

Vorausschauend fahren

In den Leerlauf zu schalten ist meist nicht so sinnvoll. Besser ist es, die Motorbremskraft zu nutzen, wenn es mal bergab geht. Das schont auch die Bremsen.

Wer früh hochschaltet und spät herunterschaltet, spart beim Autofahren einen großen Anteil der Benzinkosten. Bei 50 km/h liegt zwischen dem zweiten und dem vierten Gang etwa ein Verbrauch von drei Litern pro hundert Kilometer.

BRÜDERLICH TEILEN

65

Wer ein Auto mit anderen teilt, kann durch die Miete einen Teil seiner laufenden Kosten wieder reinholen und vermindert die Anzahl der Fahrzeuge in der Stadt. Es müssen nicht zwingend Freunde oder Familienmitglieder sein: Im Internet kann man sein Auto auch Fremden zur Verfügung stellen – natürlich versichert und gegen Bezahlung.

In den Vereinigten Staaten gibt es auf manchen Autobahnen Extraspuren, die nur von voll besetzten Autos genutzt werden dürfen. Das führt zu einem besseren Verkehrsfluss.

Wenn du eine Anti-Frost-Auflage auf die Scheibe legst, sparst du dir auch hier einen Enteiser und langes Kratzen vor dem Losfahren.

Frostschutz 66

Ein Klebefilmstreifen auf dem Autoschloss schützt es vorm Vereisen und spart teuren Entfroster an kalten Wintertagen. Den Klebefilm einfach direkt über das Schloss kleben und vor dem Türöffnen wieder abziehen.

Kühlender

67 Durchzug

Wenn es draußen nicht gerade 38 °C hat, tun es auch offene Fenster oder batteriebetriebene Ventilatoren.

Die Klimaanlage verbraucht so viel Strom, dass auch der Benzinverbrauch steigt. Lass sie ausgeschaltet, um Geld zu sparen.

Ein Auto zu einem guten Preis zu kaufen (Seite 78), es vergleichsweise günstig zu betanken (Seite 70–73) und spritsparend zu fahren (Seite 79), ist kein Kunststück. Wer wirklich sparen will, sollte sich aber vor dem Autokauf gut überlegen, ob sich ein eigener fahrbarer Untersatz wirklich lohnt. Das Umweltbundesamt hat ausgerechnet: Wer jeden Tag mit öffentlichen Verkehrsmitteln statt mit dem Auto zur Arbeit fährt und eine Strecke von 25 Kilometern zurücklegt, spart im Jahr rund 3700 Euro und 320 Kilogramm CO_2. Wenn das nicht eine Überlegung wert ist!

Kochen

&

Essen

68 Frisch gebacken

Statt teures Brot zu kaufen, besorge
dir eine Backmischung im Supermarkt
und backe dir dein Brot selbst. Die
Mehlmischungen gibt es oft schon für
ein paar Cent. Und frisch gebacken,
schmeckt das Brot viel besser, als
eines, das schon den ganzen Tag beim
Bäcker im Regal liegt. Wenn du viel
Brot isst, solltest du über einen
günstigen Brotbackautomaten nachdenken.
Der spart zusätzlich auch Zeit.

Es gibt Menschen, die liebend gern in der eigenen Küche stehen. Und dann gibt es jene, die sich jeden Abend lieber eine Pizza bestellen. Dass letzteres unverhältnismäßig teuer ist, ist kein Geheimnis. Selbst zu kochen ist immer billiger. Es geht aber immer noch ein bisschen sparsamer. Ob beim Kaffeekochen, beim Kühlschrankeinräumen oder beim Kräutertrocknen: Hier kommen die besten Kniffe für die Küche.

BROT
WIE NEU

69

Du kannst mithilfe von Wasserdampf auch steinhartes Brot bzw. Brötchen wieder weich machen. Dazu sollte das Gebäck in den Backofen über eine mit Wasser gefüllte Schüssel gelegt werden. So kann es den Dampf aufnehmen.

Ein altbackenes Brötchen wird wieder frisch, wenn du es von allen Seiten mit Wasser benetzt und es für einige Minuten in den vorgeheizten Backofen legst. Der entstehende Dampf wandert nach innen und macht die Backwaren wieder weich. Außen verdunstet das Wasser und macht die Kruste knusprig.

Die offene Pore kannst du mit dem
Zahnstocher auch wieder verschließen.

70

Zitronenstöpsel

Du kannst viel länger den Saft einer Zitrone verwenden, wenn
du die Zitrone mit einem Zahnstocher anstichst. Aus der offenen
Pore kannst du dann den Saft herausträufeln lassen. Auf diese
Weise trocknet die Zitrone nicht an der Schnittkante aus.

Ordnung im Kühlregal

71

Ein richtig eingeräumter Kühlschrank sorgt für längere Haltbarkeit und weniger weggeworfene Lebensmittel.

1 Ganz unten befindet sich meistens ein Schubfach. Dort gehören Obst, Gemüse und Salat hin.

2 Auf der Glasplatte über dem Gemüsefach ist der kälteste Punkt im Kühlschrank. Dort sollten Fisch, Fleisch und Wurst lagern.

3 In das zweitoberste Fach gehören Milchprodukte und Eier.

4 Hartkäse, Gegartes, Geräuchertes und Konserven sollten im obersten Kühlschrankfach platziert werden.

5 In der Tür finden Butter, Konfitüren, Saucen und Getränke Platz.

Aufgebügelt

Getrocknete Kräuter sind teuer. Stattdessen kannst du frische Pflanzen – etwa aus dem Garten – an einem Hosenbügel befestigen und zum Trocknen aufhängen.

Eine andere Möglichkeit wertvolle Krävter zu konservieren: Friere sie in Eiswürfelformen ein.

72

73

Getrennt kühlen und frieren

Auch ein vereistes Gefrierfach treibt den Stromverbrauch in die Höhe, deshalb solltest du es immer instand halten.

Ein Kühlschrank mit integriertem Gefrierfach verbraucht laut Untersuchungen rund 20 Prozent mehr Strom, als zwei separate Geräte. Das ist vor allem für große Haushalte sinnvoll, die viele Nahrungsmittel einfrieren, um sie auf Vorrat zu haben.

Natürlich kannst du die Einmalspritze mehrmals verwenden. Schließlich ist Öl keine Flüssigkeit, die klinisch steril bleiben muss.

74

Ein wörtlicher Spritzer

Gutes Öl ist teuer. Um nicht zu viel davon zu verschwenden, dosiere es am besten mithilfe einer Einmalspritze. Du bekommst sie in der Apotheke oder im gut sortierten Drogeriemarkt.

Frische Zwiebel

75

Meistens kauft man viel zu viele Frühlingszwiebeln und schafft es gar nicht, alle zu verbrauchen. Stelle sie mit dem Kopf in ein Glas Wasser, so bleiben sie mehrere Tage frisch.

Natürlich kannst du die Zwiebeln auch einfrieren, dann verlieren sie aber oft viel von ihrem Aroma.

76 DECKEL DRAUF!

Das Kochen ohne Deckel verbraucht etwa dreimal so viel Energie, wie ein Kochvorgang mit dem passenden Aufsatz für den Topf.

Für einige lohnt sich die Investition in einen Schnellkochtopf. Bei Gerichten, die länger als 20 Minuten kochen, spart er bis zu 30 Prozent Energie ein.

Einen Ofen kann man etwa 15 Minuten vor der fertigen Garzeit ausschalten. Die Wärme reicht dann locker aus, bis das Essen fertig ist.

77

FRÜHER ABSCHALTEN

Schalte die Herdplatte frühzeitig aus und lasse Gerichte mit der Restwärme fertig kochen. Zum Beispiel musst du Reis in einem Topf nur einmal aufkochen lassen. Dann kannst du den Herd ausschalten und warten, bis der Reis gar ist.

SCHARFE MESSER

78

Schleife das Messer dazu einfach wie an einem Schleifstein mehrere Male mit der scharfen Kante der Klinge ab.

Ein stumpfes Messer musst du nicht gleich wegwerfen. Du kannst es am Boden einer Keramik- oder Tontasse schärfen und es gleitet wieder wie neu durch Obst- und Gemüse.

Express-Kocher

Erhitze Nudelwasser in einem Wasserkocher, bevor du es in den Topf gibst. Der Wasserkocher bringt das Wasser schneller zum Kochen und du verschwendest keine wertvolle Energie auf dem Herd.

79

Während der Wasserkocher läuft, kannst du schon einen Topf mit ein bisschen Wasser auf den Herd stellen und ihn anschalten. Dann kühlt das kochende Wasser nicht wieder ab.

Im eigenen Garten 80

Kräuter und Gemüse kannst du selbst auf engstem Raum auf dem eigenen Balkon oder dem Fenstersims anbauen.

Das spart nicht nur Kosten, sondern schmeckt auch noch viel besser, weil es schließlich die eigenen Erzeugnisse sind.

Auch Zitronen sagt man dank der enthaltenen Säure hervorragende Putzeigenschaft für Haushaltsgeräte nach. Sie können sogar Rost entfernen.

81 Ofenreiniger

Backpulver ist ein super Ofenreiniger. Schäume dazu das Backpulver mit ein paar Tropfen Wasser auf, bis eine Paste entsteht und reibe damit den Ofen ein. Anschließend schrubbst du den Ofen mit einem Schwamm und wischt ihn mit einem feuchten Lappen aus.

SPÜLMASCHINE  MIT SYSTEM

> Stelle sicher, dass die Spülmaschine immer voll beladen ist, bevor du sie anwirfst. So ersparst du dir einen unnötigen zweiten Waschgang für Nachzügler.

Für möglichst sauberes Geschirr sollten große Gegenstände wie Töpfe und Schüsseln in der Spülmaschine ins untere, Tassen und kleinere Schalen ins obere Fach eingeordnet werden.
Wenn sich bei der Spülmaschine die Temperatur einstellen lässt, reichen 50 °C im Normalfall aus, um das Geschirr hygienisch zu reinigen.

Recycelte Suppe

Gemüseschalen, die du sonst wegwerfen würdest, kannst du zu einer leckeren Gemüsesuppe verkochen. Übergieße sie mit heißem Wasser und lasse das Ganze ein paar Minuten ziehen.

83

Für die Express-Suppe eignen sich vor allem Karotten-, Zwiebel- und Sellerieschalen.

GOLDGELBES WUNDER

84

Kristallisierter, fester Honig wird in der Mikrowelle wieder flüssig. Wichtig ist nur, dass du darauf achtest, keinen Metalldeckel auf dem Honigglas zu lassen, da sonst Funken fliegen. Auch sollte der Honig nicht zu lang in der Mikrowelle bleiben, da die wertvollen Enzyme kaputt gehen, wenn die Temperatur über 40 Grad steigt.

Du kannst den Honig auch in einem Wasserbad wieder flüssig machen.

85
Handgefiltert

Filterkaffee ist die deutlich günstigere und umweltschonende Alternative zu den modernen Kaffeekapseln. Bei einem Konsum von vier Tassen Kaffee pro Tag spart ein Haushalt im Jahr mit Filterkaffee rund 800 Euro im Gegensatz zu Kapseln.

Mit Filterkaffee bist du auch immer total flexibel und kannst ihn ganz nach Lust und Laune zubereiten – mal stärker, mal weniger stark.

KOCH FÜR DICH

Wenn du selbst kochst, kostet ein Topf Spaghetti Napoli nicht einmal einen Euro. Vorgekocht und im Kühlschrank aufbewahrt kannst du davon mehrere Tage essen. Ähnliches funktioniert auch mit weiteren Gerichten wie einem Salatkopf, den du täglich mit unterschiedlichen Beilagen isst, einem Topf Reis oder anderen Getreidesorten wie Quinoa und Couscous.

Ein Wrap für unterwegs im Supermarkt kostet schon deutlich mehr. Außerdem musst du dir bei selbstgekochtem Essen keine Gedanken über die Inhaltsstoffe machen.

800 Euro pro Jahr – das ist eine ganze Menge, die man sparen kann, wenn man keine Kaffeekapseln benutzt (Seite 105). Wer partout aber nicht auf seinen Kapselkaffee verzichten will, kann das Geldproblem anders lösen: Es gibt wiederverwertbare Kapseln aus Aluminium oder Plastik, die einfach mit Pulverkaffee befüllt werden. Hinterher spült man sie einfach wieder aus und spart einen Haufen Geld. Klar dauert das etwas länger, aber in der Zeit kann man getrost auf das Brot aus dem eigenen Ofen (Seite 84) warten.

Hobbys

&

Freizeit

87 Müll trennen

Ein ordentlich geführtes Mülltrennsystem
sorgt für weniger Abfallkosten. In Groß-
städten kostet die 14-tägige Leerung eines
120-Liter-Abfallbehälters fast 300 Euro pro
Jahr. Tauscht man die Tonne gegen einen
60-Liter-Biobehälter und einen 60-Liter-
Restabfallbehälter, spart man rund 100 Euro
pro Jahr – und tut was Gutes fürs Gewissen.

Seien wir ehrlich: Nirgends macht Sparen so viel Spaß wie dort, wo es um ebendiesen geht – bei Freizeitaktivitäten. Und einen Film gemütlich beim Streaming-Dienst mit der oder dem Liebsten auf dem eigenen Sofa zu schauen ist doch viel gemütlicher als ins Kino gehen. Doch verzichten muss nicht immer sein. Sparen lässt sich auch anders. Du darfst gespannt sein!

Frühbucher-
RABATT!

88

Andersherum funktioniert das mit Last-Minute-Angeboten. Selbst am Flughafen findet man oft noch Schnäppchen, da Reisende kurzfristig abgesprungen sind und deren Plätze günstig verkauft werden.

Der frühe Vogel

Wer seinen Sommerurlaub schon im Winter bucht, profitiert von vielen Rabatten, wie günstigen Flügen, da die Plätze im Flugzeug teurer werden, je voller der Flieger ist.

Daheim ist es am schönsten

Ausgehen zum Feiern kann ganz schön teuer werden. Schmeiße eine Home-Party, bei der jeder einen Beitrag leistet. So sparst du im Gegensatz zu einem teuren Club-Besuch viel Geld.

Den Boden mit einer gut festge-klebten Malerplane abdecken – das spart dir hinterher unnötige Putzarbeit.

Liebevolles Geschenk

Es muss nicht immer groß und teuer sein: Geschenke kannst du auch ganz einfach selbst basteln. Das kostet nur ein bisschen Zeit und Mühe und freut den Beschenkten mindestens genauso sehr. Wie wäre es zum Beispiel mit selbst gebackenen Plätzchen in einer hübschen Geschenktüte?

Material:
- Tonpapier
- Seidenpapier
- Decopatchkleber
- Illustrationen von unterschiedlich geschliffenen Edelsteinen zum Ausdrucken und Ausschneiden
- Neonband
- Schere
- Plätzchen, Pralinen oder andere Leckereien

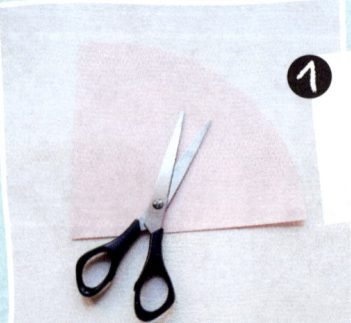

1 Schneide aus dem Papier einen Viertelkreis, der groß genug für die Plätzchen oder Pralinen ist.

2 Anschließend legst du den Viertelkreis zu einer Tüte zusammen und klebst sie an den Rändern fest.

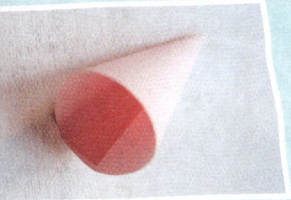

3 Aus dem Seidenpapier schneidest du ein passendes Rechteck, das du mit Kleber von innen an der Oberkante der Tüte befestigst.

4 Mit den ausgedruckten Edelsteinen verzierst du nun die Tüte. Deiner Fantasie sind dabei keine Grenzen gesetzt!

5 Nun mit Plätzchen füllen und mit dem Neonband verschließen. Fertig!

AUSSTEIGEN LOHNT

Teure Laster, wie das Rauchen, gehen ganz schön ins Geld. Oft lohnt es sich sogar, in eine Therapie zu investieren, um sie los zu werden.

Wer pro Tag eine Schachtel Zigaretten für fünf Euro raucht, hat nach zehn Jahren mehr als 18.000 Euro verbrannt.

Es müssen nicht einmal Hanteln sein! Liegestütze, Kniebeugen und das Joggen im Wald ersetzen viele Fitnessgeräte und kosten keinen Cent.

92

Fit wie ein Hausschuh

Mit einfachen Fitnessübungen in den eigenen vier Wänden oder draußen in der Natur sparst du dir die Kosten für ein teures Fitnessstudio.

93

Gewürze reisen mit

Eine Lutschdragées-Verpackung eignet sich perfekt, um Gewürze aufzubewahren und sie in den Urlaub mitzunehmen. So hast du immer einen kleinen Vorrat dabei und musst keine teuren Gewürze in großen Packungen kaufen.

Mit kleinen Nachfüllfläschchen, die du ins Handgepäck mitnehmen darfst, funktioniert das auch mit Öl, das du zum Braten benutzen kannst.

94 Günstige Filme

Die meisten Kinos haben unter der Woche einen Kinotag, an dem du die aktuellen Filme viel günstiger anschauen kannst als zum Beispiel am Wochenende.

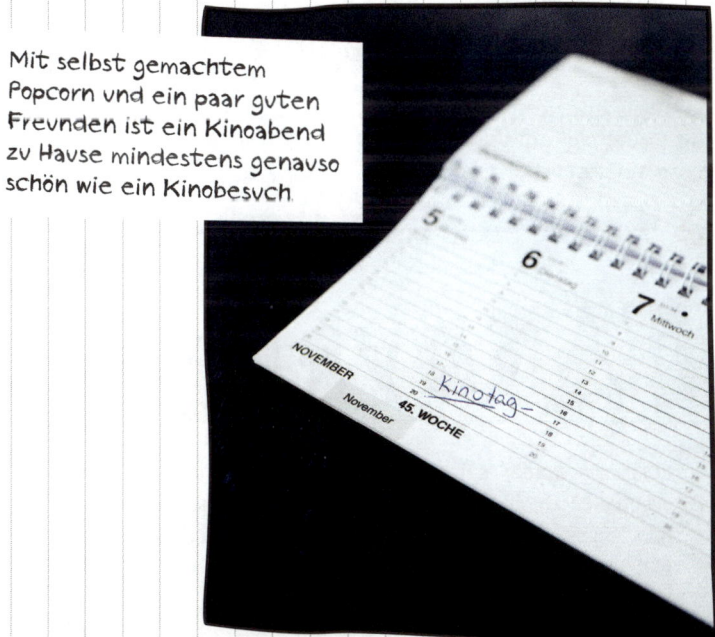

Mit selbst gemachtem Popcorn und ein paar guten Freunden ist ein Kinoabend zu Hause mindestens genauso schön wie ein Kinobesuch.

Der Reis entzieht dem Handy die Feuchtigkeit und trocknet es so auf natürliche Weise.

95

HANDYRETTER

Ein nass gewordenes Handy lässt sich mithilfe von ungekochtem Reis eventuell noch retten. Lege das Handy in eine Schüssel voller Reis und habe ein bis zwei Tage Geduld. Danach sollte das Gerät wieder trocken und funktionsfähig sein.

Mediensharing

Filme, Musik und Bücher im Internet oder der ortsansässigen Bibliothek zu leihen, ist immer sehr viel billiger, als sie zu kaufen. Online-Flatrate-Angebote ermöglichen es dir, für etwa 10 Euro im Monat unbegrenzt Filme anzusehen.

Onlinevideotheken sind auch die bessere Alternative zum Kino. Selbst ohne Abo zahlst du pro Film oft nur ein Zehntel des Kinopreises.

Video On Demand

PUFFER BILDEN

Lege ein Drittel deines Einkommens für Notfälle zurück, damit du immer einen Puffer hast, wenn du mal etwas reparieren musst oder es einen Krankheitsfall gibt. Wenn dir ein Drittel zu viel ist, und du denkst, dir das nicht leisten zu können, lege wenigstens einen bestimmten festen Betrag pro Monat beiseite.

Wenn du das Geld auf ein extra Konto legst, bekommst du zusätzlich ein paar Cent Zinsen.

Höhere Zinsen

Auf Onlinesparkonten werden oft höhere Zinsen angeboten als bei klassischen Banken, weil bei der Offline-Infrastruktur gespart wird. Geld abheben kannst du meistens einfach an den Automaten anderer Banken.

Wenn du auf die persönliche Beratung in Filialen verzichten kannst, ist diese Lösung für dich sicher interessant.

Geld vom Staat

Wer eine Steuererklärung abgibt, auch wenn er nicht dazu verpflichtet ist, kann unter Umständen viel Geld von der Steuer zurückbekommen.

Wer sich alleine nicht traut, kann sich von Computerprogrammen, Steuerberatern oder dem Lohnsteuerhilfeverein helfen lassen.

Bei Zahlungen mit Kreditkarte muss man meistens auswählen, ob der Betrag in Euro oder der Fremdwährung abgebucht werden soll. Die Fremdwährung ist immer günstiger.

100 Fremdes Geld

Bei Fernreisen ist es immer billiger, das Geld erst im Ausland zu wechseln. Deutsche Banken haben viele Währungen nicht vorrätig und nehmen dann saftige Gebühren für den Wechsel. Sinnvoll ist es, einen kleinen Betrag in der Landeswährung dabei zu haben und anschließend in einer Stadt – nicht am Flughafen – den Rest zu wechseln.

FAST WIE NEU

101

Wenn man keinen Wert auf komplett
neue Kleidung, Bücher oder Haushalts-
gegenstände legt, bieten Flohmärkte
und Onlineauktionen eine gute Möglichkeit sich mit Schnäppchen einzudecken.

Dank versicherter Zahlungsmethoden ist es heute
kaum mehr möglich, bei Online-Versteigerungen in eine
Missbrauchsfalle zu tappen.

Alternativ kann man nach jeder Webseite den Browser-Cache leeren. Dann funktioniert das Tracking der Anbieter nicht mehr.

Den Algorhythmus austricksen

102

Bei der Suche nach Flügen oder anderen Reisen sollte immer der Privat-Modus des Browsers angeschaltet sein. Das sorgt dafür, dass die Buchungen günstig bleiben. Im klassischen Modus merken die Reiseanbieter, dass man nach einem bestimmten Datum sucht und versuchen, mit künstlichen Verteuerungen und Verknappungen Druck auszuüben.

103 Reparieren beim Kaffee

Ein ähnliches Konzept sind Tauschbörsen, bei denen man für eine Reparatur eine andere Arbeit, wie zum Beispiel Haare schneiden, anbietet.

In vielen Städten gibt es Reparaturcafés, in denen meist begabte Rentner kostenlos technische Geräte oder Kleider reparieren. In netter Atmosphäre kann man sich bei einer Tasse Kaffee und einem Stück Kuchen wertvolle Tipps der Experten holen.

104 RAUS, WAS KEINE MIETE ZAHLT

Ein Kleiderschrank enthält in der Regel nahezu antike Kleidungsstücke, die man niemals mehr anziehen wird. Ab damit zum nächsten Flohmarkt – andere freuen sich sicher noch über so manches Stück.

Auch hier lassen sich natürlich Onlineauktionen nutzen. Im Falle gebrauchter Kleidung macht der Flohmarkt durch die Möglichkeit zu stöbern aber einen ganz anderen Reiz aus.

Selbst Kinokarten und Theatervorstellungen können in gewissen Fällen als Weiterbildungskosten durchgehen.

LESEN FÜR DIE BILDUNG

105

Viele Finanzämter erkennen Magazinabos als Weiterbildungskosten an – du solltest immer versuchen, sie abzusetzen. Wichtig ist in jedem Fall, gut zu begründen, warum ein jeweiliges Magazin beruflich nützlich sein könnte.

Geschärfte Rasierer

Rasierer halten länger, wenn du sie an einer Jeans schleifst.
Dadurch schärfen sich die Klingen wieder und du kannst den
Rasierer eine ganze Weile weiter benutzen.

106

Ziehe den Rasierer zum Schärfen
einfach über den Stoff der Hose,
als würdest du sie rasieren wollen.
Nach ein paar Zügen sind die
Klingen wieder wie neu.

Jährlich zahlen

107

Jahr

Versicherungen

Die Staffelung der Zahlung funktioniert auch halbjährlich oder quartalsweise. Am günstigsten ist es aber, wenn du jährlich bezahlst.

Bei Versicherungen lässt sich viel Geld sparen, wenn du sie jährlich auf einmal zahlst. Damit dir nicht auf einen Schlag so viel Geld fehlt, kannst du den Betrag trotzdem monatlich beiseitelegen.

Wer den Pfennig nicht ehrt ...

Wirf deine Centstücke in eine Spardose, bis sie voll ist und bringe sie dann zur Bank. Du wirst überrascht sein, wie viel Geld du auf diese Weise ganz beiläufig beiseitelegst.

108

Du kannst vorher schätzen, wie viel Geld du beisammen hast: 1 Cent wiegt 2,3 g, 2 Cent 3,06 g und 5 Cent 3,92 g.

Nächtlicher Stromfresser

109

Lade dein Smartphone nicht über Nacht. Wenn es nach wenigen Stunden aufgeladen ist, frisst es weiter Strom, ähnlich wie andere Stand-by-Geräte.

Auch das in der Steckdose steckende Kabel verbraucht Strom, ohne dass man es merkt. Deshalb solltest du es nach dem Laden immer herausziehen.

Das gleiche noch einmal!

Wird ein Druckertoner als leer angezeigt, liegt das meist an der Programmierung. In vielen Fällen kann man ihn noch fast genauso lange weiternutzen, wie vorher. Es gibt Tricks, den Toner zu resetten. In vielen Fällen muss man ihn mit einem Schraubendreher einfach wieder zurücksetzen, damit der Mechanismus von vorn beginnt.

Im Internet gibt es Anleitungsvideos, die erklären, wie du einen Toner je nach Hersteller zurückstellst.

Scharfe Reibe

Eine stumpfe Küchenreibe musst du nicht gleich ersetzen. Sandpapier schärft die Messer, sodass sie wieder funktionieren wie neu. Reibe das Sandpapier dazu wie ein Stück Gemüse über die Reibe, allerdings seitwärts.

Am besten klappt das Schärfen mit einem Sandpapier mittlerer Körnung.

Geld zurückzulegen ist immer sinnvoll, z. B. auch, um deine jährlichen Versicherungen davon zu bezahlen (Seite 132). Das für besondere Fälle gesparte Geld hat übrigens einen Namen, der noch aus alten Zeiten herrührt: Notgroschen. Eingeführt hat den Begriff der Herzog von Braunschweig/Wolfenbüttel Ende des 16. Jahrhunderts. Er verlangte von seinen Untertanen, dass sie für Notfälle stets einen Groschen besaßen, mit dem sie im schlimmsten Fall zahlungsfähig blieben.

Notizen

REGISTER

HIER GIBT ES WEITERE LIFEHACKS IM POCKEZZ-FORMAT

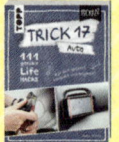 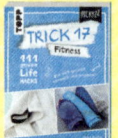  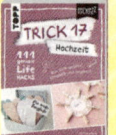 

978-3-7724-7144-5 978-3-7724-7146-9 978-3-7724-7145-2 978-3-7724-7921-2 978-3-7724-7922-9

 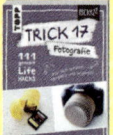  

978-3-7724-7923-6 978-3-7724-7924-3 978-3-7724-7925-0 978-3-7724-7926-7

ENTDECKE AUCH DIE DICKEN BÄNDE MIT 222 LIFEHACKS

978-3-7724-7596-2 978-3-7724-7514-6 978-3-7724-7623-5 978-3-7724-7468-2

 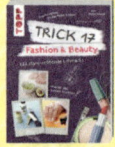  

978-3-7724-6455-3 978-3-7724-7716-4 978-3-7724-7745-4 978-3-7724-7793-5

978-3-7724-7784-3 978-3-7724-7826-0 978-3-7724-7693-0 978-3-7724-7726-3

Mehr zum Thema
Lifehacks findest du auf
www.trick17-dasbuch.de

DÜRFEN WIR VORSTELLEN? WIR SIND TOPP!

Uns, unsere Autoren, Bücher, Sets und viele, viele
Bastelideen gibt's nicht nur auf Events und
in Buchhandlungen, sondern natürlich auch online:

 www.TOPP-KREATIV.de

 www.TOPP-KREATIV.de/Newsletter

 www.Facebook.com/Frechverlag

 www.YouTube.com/Frechverlag

 www.Instagram.de/Frechverlag

 www.Pinterest.de/Frechverlag

Impressum

FOTOS: Shutterstock/ sydeen (S. 15), DigitalHand Studio (S. 22), Syda Productions (S. 59), pixfly (S. 64), GUNDAM_Ai (S. 71), Standret (S. 74), Christian Mueller (S. 76), Zapp2Photo (S. 80), Elena Elisseeva (S. 90 oben), MaraZe (S. 90 unten), beats1 (S. 91 oben), Y Photo Studio (S. 91 Mitte), ag1100 (S. 93), Piotr Adamowicz (S. 121), Matej Kastelic (S. 126), antpkr (S. 135); freepik (S. 50, 52, 63, 70, 77, 106, 116, 117); pixabay (S. 50, 57); Fotostudio lichtpunkt, Michael Ruder, Stuttgart (alle übrigen)
ILLUSTRATIONEN/KAPITELAUFMACHERSEITEN: Rosenrot – Charlotte Müller und Christine Gerlach, Berlin
STRICHZEICHNUNGEN: Katrin Lemmer
PRODUKTMANAGEMENT UND LEKTORAT: Magdalena Wassen
HERSTELLUNG: Tatjana Ströber
LAYOUT: Sophia Höpfner
SATZ: Fotosatz H. Buck, Kumhausen
DRUCK UND BINDUNG: GPS Group GmbH, Österreich

1. Auflage 2019

© 2019 frechverlag GmbH, Turbinenstraße 7, 70499 Stuttgart

ISBN 978-3-7724-7147-6 • Best.-Nr. 7147